AM ALES

POEZII

LAURIAN TALER

GONG PUBLISHING
TORONTO

Am ales

De același autor:
(în Engleză)

Almost Essentials
On a Blade of Grass
Under the Blue Sky
Sagacity
L.A.U.G.H.
(Lost Among Utterly Gorgeous Humans)

AM ALES
POEZII

GONG PUBLISHING
TORONTO

www.gongnog.com

ISBN 978-1-926477-04-6

DEDICAŢIE

Sursei mele de inspiraţie permanentă,
Minodora,
care mă menţine de mai bine de
jumătate de veac în toate felurile
pe calea cea complicată a vieţii.

CUVÂNT ÎNAINTE

Am ales titlul AM ALES pentru că adaugă un sens special cărții de față, acela de act decisiv. Dacă vă veți întreba la ce face referință acest act decisiv, va trebui să răspund că pe de o parte, așa cum apare pe copertă, am ales poezii cu care să mă explic atât cât pot, să mă descopăr și să mă dau în vileag lumii așa cum m-am priceput.
Veți observa că varietatea subiectelor abordate poate da o viziune de ansamblu asupra a ceea ce mi-a adus experiența mea de viață, dar nu toate poeziile sunt inspirate doar din experiența personală.

Oricum, doresc să atrag atenția asupra faptului că, deși am încercat în majoritatea poeziilor să respect aspectul tradițional al poeziei, cu rimă și ritm, am fost mai puțin preocupat de așa zisul limbaj poetic, care în bună măsură pentru unii înseamnă o anumită sofisticare de limbaj, dar care pe mine mă îndepărtează de la principala intenție, aceea de a spune cu claritate ce am pe suflet. Desigur, ca oricine care trăiește în secolul ăsta, mă las și eu influențat de tendințele vremii, de aceea veți găsi și scrieri într-un stil mai modern, cu toate că tind să critic chiar aici anumite tendințe moderniste.
Pe de altă parte, cu prima poezie care are titlul cărții cred că clarific ideea unei necesități de a face alegeri în viață, idee care se reîntoarce și în altă poezie, numită LANȚ. Atât cât viața ne permite sau ne obligă, suntem în situația de face alegeri, chiar dacă tot viața este aceea care ne aruncă în față tot felul de trucuri aleatoare.

Ca varietate de subiecte, o dominantă se poate întrevedea cu ușurință în această carte. Este subiectul iubirii, al relației ce se înfiripă între două persoane, sau poate doar într-una către alta. În cele mai multe cazuri, problema este de corelație sau de ceea ce rezultă în astfel de corelații. Alte subiecte se referă la starea generală a artelor, mai specifică a poeziei și a poetului, iar altele ridică probleme cu aspect social. Unele poezii au fost inițial concepute în Engleză sau în Franceză, (vezi volumul „So Many Words" pe Kindle) iar traducerea lor în unele cazuri a necesitat adaptări poate mai puțin fericite. În câteva pagini am introdus și lirica unora din cântecele mele, care de asemenea au fost scrise pentru a se potrivi cu muzica în Engeză. Limba Română e mai expansivă ca număr de silabe și ca atare în traducere se poate potrivi mai puțin cu muzica, dar cel puțin cititorul va avea o idee de conținutul și poetica liricii cântecelor mele, majoritatea publicate în alte trei volume (vezi paginile 2 și 83).

Laurian Taler

Toronto, Noiembrie 2014

CUPRINS

AM ALES

Am ales la poză ramă,
Să te pot băga de seamă
Oricând inima-mi tânjește
Și speranța licărește
Pentru încă-un vis candriu:
Să te am ca pe-un foc viu,
Să mă ard, să perpelesc
Doar privind la ce iubesc,
Te dezmierd, de ai durere,
Orice pricină să piere,
Să-ți aduc plăceri uitate
Ori din timpuri amânate,
Să te fac să uiți de lume
Si să răzi de-a mele glume,
Sărutând iubita geană
Să mă 'nfrupt cu-a vieții mană.

VERSUL

Poezia, într-o vreme
Ce de-acum sub cizmă geme,
Avea zbor
Înălțător
Și-n amurgul cald de vară
Era clară
Cu -a ei rimă cadențată
Căutată
În străfunduri de conștiință
Ce-atingea câte-o ființă
De-o făcea să plângă-n noapte
Ori să râdă la a ei șoapte,
Dar acuma e doar spuma
A ce-a fost, și e lovită
De o creștere grăbită
Ce se crede că-i de vază,
Dar e numai metastază
Cu vorbe voit pompoase
Și cu fraze noduroase
Ce se cred pline de miez
Însă n-au nici har, nici crez,
Iară toată vorbăria
Pare ca grosolănia
Și așa ia cu toptanul,
Tulburând biet - cetățeanul
Ce se vrea vers - cititor
Căutând același zbor.

Azi, cu vers se face poză
Scufundând versul în proză.

Am ales

ŞAPTE MINUNI

Erau într-o clasă şi-aveau un prof bun
Ce-a dat de gândit despre alţii ce spun,
I-a pus să se-ntrebe, cu glas dulce, sfătos,
Despre viaţă şi-n ea ce-au găsit că-i frumos,
Le-a zis să aleagă din a lor văgăuni
Ce-ar putea fi, prin vot, cele şapte minuni
Ce sub soare - au ajuns lumea de-a minunat,
Născute-n natură, ori de - om s-au creat.
Când şirul de şapte a ieşit la iveală,
Piramidele-n cap s-au pus la socoteală,
Taj Mahal - ul urmă , al iubirii cotlon,
Iar apoi, majestuos, hăul Grand Canion,
Un canal intre-oceane fu pus după-aceea,
Să ajute comerţul, a fost clară ideea,
Zgârie-norul Empire îşi găsi loc de-înalt,
Sfântul Petru la Roma fu întins de asfalt,
Peste creste de munţi, linii lungi şerpuiesc
Ridicând o minune, Mare Zid Chinezesc.
-„Dar eu zic, spuse-o fată, geana-i îngândurată,
Mai minuni ca astea am găsit deodată:
A vedea e-o minune că lumea priveşte
Şi Soare şi Lună şi un chip ce iubeşte,
Iar auzul de glasuri şi sunete-o mie
Înţelesuri ne poartă, muzica-i feerie,
Mângâierile cresc în tot omul un dor
Iar savoarea deschide dorinţele-n cor,
Simţămintele, râsul, sunt şi ele minuni
Ce aportul şi-aduc să ne facă mai buni,
Dar minunea a şaptea, peste tot cea mai mare,
E minunea iubirii, de-unde viaţa răsare.”

PENTRU ACELE MULTE TOAMNE

Cu curgeri de cuvinte
Mă-ndes mai înainte
Să-ți strâng mâna mai tare
Să-ți dau și-o ' mbrățișare
Așa cum se cuvine
Că știe orișicine
Ce prietenă îmi ești
Că doar ai fost să crești
Pe-aceleași bănci de școală
Sub vocea cea domoală
Care ne-a instruit.

De-acum în starea treia
Ne amintim de-aceia
Ce-n micul univers
In jurul nostru-au mers
Unde-am copilărit.
Și fiind bunici tomnatici
(Cu nepoți cam sălbatici)
Spinarea ne-ndreptăm
Privind departe-n zare
Cu înc-o întrebare:

Spre ce alt scop zburăm?

Am ales

CICLU COSMIC

Nesfârşit, neţărmuritul Univers
Imensitatea şi-o întinde
În noaptea cu luciri de licurici
Ce mintea nici că o cuprinde.
Volburi de stele, nebuloase
Se-aruncă, hrăpăreţe, să consume
Stele mai mici, de rang mai joase,
Mărindu-şi cu nesaţ iar a lor lume.
În hăuri largi şi fără de lumină
Prea negre găuri praf de stele-ndeasă,
Nimic ncicând din gura lor cea plină
Să scape vreun dram nu lasă.
Substanţa cosmică ce zace
În pâlnia tot mai crescută
Se-adună-n bulgăr dens ce face
Să colapseze lumea mută.
Amnarul densităţii infinite
Aprinde-o cosmică văpaie
Şi dintr-un punct, în trei clipite
Un proaspăt Univers se taie.

CE FEL DE TREMUR

Ce fel de tremur trece-n pleoape
Când tu te-arăți ca dintre ape
Din raze te întrupi, din spumă,
Prietenă, iubită, soață, mumă.
Ce fel de tremur simt în buze,
Când tu-mi zâmbești, și eu văd muze
Care mă-mbie podoabele să-ți cânt,
Și să-ți sărut și mâna, și pasul tău cel sfânt.
Ce fel de unde-mi trec prin piele,
Când tu mă-ncerci în toate cele,
Și mă cuprinzi cu-a tale brațe,
Rămân topit, știu ce nesaț e.
Ce fel de valuri sparg în muget
Când tu privești în al meu cuget,
Și mă-nconjori cu-a ta mândrie,
Prietenă, iubită, mamă și soție.
Ce fel de fâlfâiri în sânge
Cind tu mă strângi, și inima-mi se strânge,
De o așa nemărginire
Că simt in mine iar puteri de mire.
Ce fel de vâlvătâi mă ardă
Când tu faci timpul în neant să piardă
Și clipele de dor să pară-o veșnicie,
Iubită, prietenă, și galeșă soție.

Am ales

AI VRUT

Ai vrut prea mult.
Cătuşele mele prinse
În carnea ta,
Valiza mea împinsă
Sub patul tau,
Şi cravata pe care n-o port,
Înnodată gingaş de tine
În fiecare dimineaţă.
Ai vrut prea mult.
Întinderea mâinii tale
Sub plapuma albă
Spre umărul meu
Repetată noapte de noapte
Pentru a înlătura
Teama de gol.
Cafeaua de dimineaţă
Luată cu înţelesuri
În priviri,
Şi zgomotul băii,
Aşa cum îl face
Cel ce locuieşte
Într-adevăr acolo,
Ascultat în beată
Mirare de tine.
Ce n-ai ştiut să accepţi
Au fost toate astea
Derulate în bucla minţii
Si privirea ceea caldă
Întoarsă spre bazaltul
Conştiinţei tale
Privire ce venea şi venea
Şi-ar fi fost destulă
Pentru a doua eternitate.

14

BUCURIA

Mă-nfrupt cu vieți pe celuloid
În două ore consumând artiștii,
Și beau al artei greu lichid,
Frecându-mi coate cu miniștrii.
Citesc din scoarță-n scoarță vestea
Adusă-n tâlc profund de scribi,
Și mă întreb unde-i povestea
Cu turtă dulce și cu hribi.
Apăs butoni, golesc fiole,
Și-mi caut pacea-n concentrații,
Dar romantismu-acuma gol e,
Îl umplu doar cu ecuații.
Și totuși, când dezbat viața,
Îmi amintesc că-n piept îmi bate
O inimă ce-a strâns povața
O sută de-ani pe jumătate.
Și-atunci zâmbesc la flori, la soare,
La prietenii ce-mi țin isonul,
Și râd de plâns, și plâng de doare,
Și bucuria mi-e mai mare
Ca spațiul și ca eonul.

Am ales

CE TE-A DURUT

Ce te-a durut mai mult
N-a fost că flacăra nu s-a aprins
Sub răsuflarea mea-n tumult,
Ce te-a durut mai mult a fost
Că lacrima-ți nu s-a prelins
De fericita taină-n zori,
Când, deschizând lumini de cer,
Ai fi putut să te cobori
Spre-un suflet tandru de berber.
N-a fost destul să-ți dăruiesc
Ce n-ai primit ca har lumesc,
N-a fost destul să mi te-nchin
Cu jar mocnit, privind senin
La ochi albaștri de neant,
M-ai vrut stabil, m-ai vrut pedant,
Nu ți-a ajuns să-ți fiu amant.
Știind ce pierzi, și că te pierzi,
Privind cu teamă-n ochii-mi verzi,
Tu ai ales răceala minții
Căldurii cărnii și a ginții.
Când timpul e făcut din clipe,
Tu l-ai lăsat să se-nfiripe
În nebuloasă fără șir,
Al dragostei neplătit bir
Te-a copleșit și te-a rănit
Și te-ai lăsat de suferit
Dar viața fără suferință
Aplatizează o ființă.
Ce te-a durut mai mult e calmul
Pe care ți l-am destrămat
Și lipsa mea în zori, în pat
Și dezmierdarea mea pierdută.
Singuratatea nu ajută.

SUSPIN VESEL

Când umblu cu sandale
În cap mi se sparg oale,
De-mi bate un pantof,
Din piept îmi iese-un of,
Și de mă strânge cizma
Mai jos, mă mâncă pizma
Și tot în dorul lenii,
La șold mai strâng decenii
Și fiindcă-mi văd de-opinci,
Deceniile mi-s cinci,
Dar nu mă dau de-o doară
Nici chiar pe o fecioară,
Că eu sunt mândră-n toate
Și fără încălțări,
Și lumea mă cinstește
Cu versuri și-înălțări.

Am ales

DE CE TE VREAU

De ce te vreau în braţe-mi?
C-ai trupul drept şi fraged
Şi nurii se răsfaţă
Pe piept şi-n port şi-n scâncet?
C-ai chipul ce visat-am
Cu armonii sublime
Şi ce inspiră morţii
Pe loc sa reînvie ?
Atunci e poate jocul
Ce-am prins mai în neştire,
Un joc profund şi antic,
Ce cere cer în doi ?
Mi-e teamă că răspunsul
În vorbe nu-i,
Ci-n curgeri
De unde printre gene
Şi-n stăviliri molcome
De ape prea adânci.
Tristeţea mă pătrunde
Când unda nu-i răsfrântă,
Când apele-s prea limpezi
Şi nu se-ntorc din stânci.
Mi-am zis că iară tremur
Şi mă pătrund de taină
Şi intru-n ceas de umbră
În zbateri de arip
Dar ce uşor mă-mpiedic
Când apele-s cleştare
Şi chiar nicicum răsfrângeri
Nu pot să înfirip.

DOAR POEŢII ŞI NEBUNII

Doar poeţii şi nebunii
Au aflat ce e iubirea
Logicienii, înţelepţii,
Au aflat ce e neştirea

Muritorii simt cu cordul,
Dară mintea îi înşeală
Viaţa li se scurge-n grabă
Alegând când rai, când smoală,
Zvârcolindu-se-n mândrie
Şi-n dorinţi neîmplinite,
Căutând zadarnic ceruri
Şi-orizonturi infinite,
Dinspre viaţa dinainte
Către viaţa de apoi,
Ei plătesc c-un dram de minte
Deznădejdi mai vechi, mai noi
Şi-şi târăsc pe drum avutul
Digerând în ei trecutul.

Doar poeţii şi nebunii,
Suflete neatârnate,
Au aflat ce e iubirea
Şi-au trăit pe săturate

Vino, tu, nebuna mea
Şi să uiţi te-oi învăţa!

ÎNGERI DE HÂRTIE

Tăind la îngeri de hârtie
Care să sară-afar' din carte
Îţi vine întrebarea vie,
Dar de răspuns încă n-ai parte
De ce în pază bună fiinţa
Se pune sub oblăduire sfântă
Când îi lipseşte şi credinţa
Şi înţelegerea i-e frântă
De ce credinţa şi-o înşeală
Privind în sus şi la icoane
Când ceru-i gol, şi viaţa-i goală
De adevăruri în isoane
De ce în singurarea-i certă
Fiinţa se-amăgeşte-n noapte
Şi prea temându-şi starea-inertă
Cu rugi se-apleacă, şi cu şoapte
La nefiinţă şi-nfinituri
Cu patos greu ea se-adresează
Ea tremură în asfinţituri
Şi la minuni mereu visează.
De ce când pacostea se-arată
Subit făptura şi-o frământă
Din duh în fiu şi-apoi în tată
Storcând oblăduire sfântă
Când zău că zei şi dumnezei
Se zămislesc în ceas de noapte
Şi se-amăgesc din plin acei
Ce—n duhuri cred şi nu în fapte

ȚIGLE

Țigle, țigle, țigle, țigle,
Țigle, oale și ulcele
Fiica mea pictează țigle
Țigle, oale și ulcele
Când culori și forme pune
Minunați privim la ele
Fiica mea pictează fructe
Pe pământul ars de soare
Fructe moi și fructe dure
Ah! Cum inima mă doare!
Fiica mea pictează fluturi
Și pești mari și mici, și scuturi
Și-ntuneric și lumină
Și un asfințit de soare.
Fiica mea pictează îngeri,
Pune sfinți pe țigle sparte
Și pădurea o rărește,
Scoate umbrele departe
Fiica mea pictează nuduri,
Și orașe în ruine
Cu vopsele și cu linii
Se îndreaptă ea spre sine.
Țigle, oale și ulcele,
Scuturi, cnuturi și lumină,
Din pământ le scoate toate
Din pensulă și din tină.
Cine va privi la țigle
Cine va mânca din oale
Cine bea-va din ulcele
Cine le privi-va moale
Și se va-ntreba ce taină
Le-a 'mbrăcat a artei haină
Să-ncălzească-un suflet galeș?
Țigle și ulcele, oale, și
Țigle, țigle, țigle, țigle!

Am ales

COPILA MEA

Copila mea cu nume de-nţelept
Amarnic reuneşte ea braţele la piept,
Se-ndreaptă şi priveşte spre-o rază nevăzută,
Şi speră-n aşteptare, vorbirea ei e mută.
Alunecând în tihna cu care se-nconjoară
Ea strânge-n dinţi odihna, mişcarea o omoară,
Pătrunde cu-al ei umblet o lume de fantasme,
Şi evocând durerea, creează film de basme,
Se-aruncă-ntr-o vâltoare şi susură în şoapte,
Pluteşte peste ape şi zboară-ncet în noapte,
Disloçă cu privirea înalte umbre-n munţi
Şi aduce lumina pe arcuite frunţi
Legând acum cu mâine, adulmecând trecutul
Şi zămislind iubirea şi lupta şi sărutul
Gonind o fluturare de temeri şi neştire
Ea îşi dansează viaţa intens în fericire.

NE AFLĂM

Ne aflăm mereu pe drum
Când la vad, când la răscruce,
Apa-i foc şi ceru-i fum
Drumul, nu ştim unde duce
Semne nu-s, iar hărţi lipsesc,
Ghizi, de mult nu se găsesc.
Batem pasul în cerc mic
Alegând când drept, când dreapta
Impingând ba scut, ba dric
Şi nu-i cugetul ca fapta,
Ne certăm, ca orişicine
Că nu ştim că ştim mai bine.
Drumu-i strâmt şi e spinos,
Noi, bălângănind pe jos
Pe ţurloaie prea firave
Ne-mproşcăm în culpe grave
Cum că drumu-i drum de dos.
Ne aflăm mereu pe drum...
Mişunând în duh credinţa,
Căutându-ne fiinţa
Până ce devine scrum.
Ne aflăm.

COPIII ĂŞTIA

Copiii ăştia ce mai cresc
Cu harul lor ceresc!
Privim la ei când azi, când înapoi,
Şi ne-nfruptăm cu nostalgii;
Ei pleacă, şi rămânem doi,
Să plângem pe fotografii.
Copiii ăştia ne-au îndulcit iubirea
Şi-au prelungit din nou simţirea,
Ne-au îmbunat şi ne-au secat,
Ne-au stors şi ne-au catifelat;
Ce le-am făcut, fu cu temei;
Ce suntem, suntem pentru ei.
Ne mângâie a lor privire
Şi al lor har cu împlinire.

POEZIA PLATĂ

M-am născut cu limba-n gură
Dar vorbe-n zece limbi am învăţat
Drept care eu citesc cimilitură
Chiar dacă-i scrisă-n cod cifrat
De-aia din vreun ungher nu mă-ndur
Să blagoslovesc sau să înjur
Când cu ochii dau de vorbe-n şir
Ce par scoase iute din chimir
Ca bancnote ponosite / Cu valori nedefinite
Şi betege-n înţelesuri
Că nici tălmaci şi nici dresuri / Nu le poate da de fir.
- Nu există elixir / Pentru poezia plată
Ce-n proză-i versificată
Şi ce-n vers schimbă macazul / Fără să devină cazul
Trecând brusc din puţ în baltă
Că te-ntrebi cum de se saltă
De la munte, de la prund / La oceane fără fund,
De la heruvimi de vise
La tâlcuri total închise
Pentru cei cotaţi prostime
Care versuri vor cu rime
Şi cu iambi şi cu trohee / Şi cu înţeles la cheie.
De-asta mă întreb din nou,
E poetul prost sau bou
Că nu vede diferenţa
Dintre vers şi dintre proză
Ori a dat în el demenţa
De îşi face singur poză,
Că, fiind tare îngâmfat,
Nu se vede poet plat.

Am ales

DIN PĂMÂNT

Din pământ am luat, terestru,
Doar un pumn cernit de-argilă
Să-n cropesc ulcior măiestru
Însă l-am umplut cu bilă
Din izvor prelung băut-am
Apa clară ce-a prelins
Din rărunchi, dar nu putut-am
Focu-mi aprig să-l fac stins
De la soare-am prins o rază
Cu căldura ei să-ndrept
Mintea-mi, nu destul de trează,
Și oftatul ce-am în piept
De la vânt am supt suflarea
Ce străbate-acest pământ
Și am slobozit cântarea
Ce-i din sunet și cuvânt
De la prieteni, ce cu graiul
Mi-au spus vorbe înțelepte,
Am aflat unde e raiul
Spre care clădit-am trepte
La părinți, soră și frate
Mi-am crescut scut de iubire
Și-am pus în taler dreptate
Să ajung la izbăvire
Doar că Timpul, care unge
Clipe lungi într-o osândă
Ca pe-o armonică mă strânge
Când m-apropii de izbândă.

Laurian Taler

DREPT ÎN CENTRU LA STRASBOURG

Drept în centru la Strasbourg
L-am zărit pe demiurg
Pe un soclu-nalt proptit,
Cel ce cărți a tipărit
Cel dintâi în Europa
Ca să poată citi Popa
Ce scrie în alea sfinte, / Ce-au zis unii mai 'nainte
Ca să nu se piardă știrea / Precum că întâi e firea,
După care trupul vine
Ba cu cazne, ba cu bine,
Și că toți îs cu păcat
Pentru care e de dat
Destul să ne spovedim
Și-astfel să ne prihănim,
Ca să facem penitențe
Să obținem indulgențe.
Toate drumurile merg / De la domnul Gutenberg
Cu tiparnița-i deșteaptă / Meșterită ca o treaptă
Dintr-o presă de la vie
De-a făcut știința să-nvie,
Artele le-a dezvoltat, / Că din presă a turnat
Cărți în sute de volume
Să poată citi o lume
Și să afle ce e drept
În migală și concept,
De-aia e el demiurg
Drept în centru la Strasbourg.

FRUMOASĂ ŢARĂ

Frumoasă ţară, obidită,
Şi mărginită de-uriaşi / Cu o mulţime de ostaşi
Ce te-au trecut mereu prin sită,
Crescut-ai un semeţ popor
Ce-a înfruntat frigul, arşiţa / Să-ţi cânte mândru Mioriţa
Şi-a inventat cuvântul DOR
Iar de la Pontul Euxin / Şi până-n codru la Săpânţa
Neamul şi-a înmulţit sămânţa
De cânt şi poezie plin
Frumoasă ţară, obidită,
Cu Decebal de la Cazane / Ai luat în piept legiuni romane
Proptind Coloana Infinită / Să ştie samsarii puterii
Că vor sfârşi cu ochii goi / De mâna unui neam d-eroi
Unde şade Masa Tăcerii.
Doar că ne-am luat de alte neamuri-
Bulgari, Unguri, Romi ori Ţigani,
Tătari, Evrei, Armeni, Germani-
Din trunchi tăiat-am multe ramuri.

Frumoasă, obidită ţară, / Poporul tău se vrea stăpân,
Dar fără inşi cu sceptru-n sân
Să-ţi facă munca de ocară / Şi fără tâlhari culţi în lege,
Politicieni cu minţi avare / Ce-ţi fură pâinea de sub sare,
Prinde-i cu mâna-n sac, şi-îi lege!
Împarte drept şi cu frăţie
Dacă spor mult vrei şi dreptate,
Munceşte cu seninătate
Pentru o nouă Românie.

GÂNDURI RĂTĂCITE

Gânduri rătăcite în minte mă încearcă
Ghemuri încâlcite vrând fraze să toarcă
Gânduri colorate, albe câteodată
Ce încearcă vorbe mai cu tâlc să bată
Doar că-nșiruirea de cuvinte noi
Să îndrept nu pot - însă nici să 'ndoi
Fiindcă vremea fuge - și cu ea simțirea
Ce-a știut odată cum e potrivirea
Slovelor deșarte cu-altele mai drepte
Să creeze gânduri cu 'nțeles deștepte
Acu' nici parola nu-i cum se cuvine
Nici mintea nu zboară de 'nțelesuri pline
Eu simt numai vidul ce-n cap se deschide
Ca o oală spartă, ca goalele blide
Ca desiș în noapte, ca neant ermetic,
Ca vârtej de șoapte șuierând patetic,
Cum vine misterul gândului să iasă,
Piedică își pune - afară nu se lasă
Chiar când alfabetu-l pun la 'nșiruire,
Vorba nu răsare gândul să-l admire
Și-atunci ferm mă zgudui, poate o să-mi treacă
Alt curent prin mintea cea seacă și zevzeacă.

ÎNVĂŢĂTURĂ

Cu cântec şi cu rime
Se dau unii la crime
Alţi turuie în proză
Cum că viaţa-i roză
Şi de pe-un piedestal
Sutane rag de-al vieţii val
Băgând în oase frica
De moarte- inamica
Simţirilor reale
Ce -ncearcă omu-n cale
Trecând din zori până-n amurg
Cu faptele-i de demiurg.
De vorbe nesăţioasă-i gura
Să umple de minciuni făptura
Ce-ascultă tâmpă la prooroci
Ce vor să-ţi cânte ca să joci
Precum se joacă tot alaiul
Ca să le cadă-n blid mălaiul.
Tu versurile de citeşti
Vei învăţa să te păzeşti
De-nflorituri şi de minciună
Şi ascuţindu-ţi mintea bună
Vei ştii, ce cu-nţeles grăiesc:
Vorbele-s goale, doar faptele vorbesc.

CE SE-NTÂMPLĂ

Ce se-ntâmplă-n Univers?

Miliardele de stele
Nasc, lucesc, trăiesc, şi ele
Îşi continuă -al lor mers-
Când şi când, o supernovă
Explodează în neant,
Găuri negre sug lumina
Şi-o îndeasă elegant-
Spaţiul măsoară timpul
Ce se-apropie de-o creastă,
Stelele renasc lumina
Incingând cosmica pastă.

Ce se-ntâmplă-apoi în lume?

Păi, Pământul se-nvârteşte,
Viaţa-n ea se opinteşte,
Dar se ţine şi de glume:
C-un picior holbat în aer
Cată încontro s-apuce,
Drumul undeva va duce,
Ba c'-un râset, ba c'-un vaier:
Patruped cu cap măiestru
Ce devine mai terestru
Şi, pierzând la păr şi coadă,
Limba 'n multe limbi şi-o 'nnoadă,
Se adună-n trib şi-n ginţi
Şi-şi imaginează sfinţi;
Cu ciomag sau flintă-n sfadă
Îşi păzeşte-a sa ogradă.

Ce se-ntâmplă-acum în ţară?

Am ales

Unii ară, alţii zbiară,
Alţii şed pe-a lor comoară,
Unii-aşteaptă-n gură pară,
Alţii pierd trenul în gară,
Nu dau vrabia de-afară,
Dacă ţin mâna pe-o cioară,
Chiar dacă pâinea-i amară.

PĂCATUL

Am aflat din întâmplare
Unde-i păcatul cel mare,
Nu cum unii încă cred
Că ar fi între picioare,
E, domnule, în soare!
Păcatul natural
Austral ori Boreal
Se află sus în cer,
Nu într-un strâmt ungher,
E, domnule, astral!
Cu toate că sunt mic,
Încerc să vă explic
Și zău c-ar fi păcat
Să credeți ce v-am dat
E, domnule, nimic!
Păcatul e păcat
Doar când ești vinovat,
Nu când popii îți zic
Că ai s-ajungi pe dric,
Ești, domnule, ingrat!
Cu raze lucitoare
Din cap până-n picioare
Astrul ne luminează,
Dar noaptea nu veghează,
E, dom-le, o gălbează!
Știți doar că, efemeric
Păcatu'-i pe-ntuneric,
Din noapte se înfruptă,
Se ia cu toți la luptă,
E, domnule, coleric!
Dar soare de n-ar fi
Păcat nu s-ar ivi,
Nimeni n-ar sta de glume,
Venus n-ar fi din spume,

Am ales

Și noi n-am fi pe lume!
De-aia eu vă zic, verbos,
Lumea asta e pe dos
Dacă crede în păcat,
El nu-i dat și nu e luat,
Este, dom-le, inventat!
Păcatul primordial,
De-ar fi să fac scandal,
Nici n-a fost păcat,
Zeu, Adam și măr mușcat?
Universu'-a explodat!

VERS ŞI CÂNT

Vers a scris de multe ori
Storcând gând din vorbe-amare
Încât i-au trecut fiori
De la creştet la spinare
A pus vorbe pe răboji
Să se cânte, să se-asculte
Să devină-obrajii roji
În simţiri de gânduri multe
A făcut vorbe să zboare
Pe-o planetă-n vijelie
Ce străbate-un hău ce doare
Într-o lume-aşa pustie
Destul vânt nu e-n cuvânt
Să ajungă cale lungă
Melos nu-i destul în cânt
Cu fiori să mai împungă
Dar când versul vorbe-n salbă
Potriveşte-ncet, încet
Versul, ca o armă albă
Îl omoară pe poet
Fiindcă vremea, vrând, nevrând
Pe poet îl prinde-n şoapte
Vlăguindu-l, cugetând
Vers din zori şi până-n noapte
Astfel că nu-i mai rămâne
Decât cânt pierdut în vânt
Şi poate un dram de pâine
Ce să mestece cu-un gând

Am ales

TOPÂRCEANU ŞI MARDARE

Topârceanu şi Mardare
De paltoane au oroare,
Primul mereu se îmbracă-n
Vers uşor şi elegant
Plin de spirit şi galant,
Celălalt, rămas pe-o cracă,
Se acoperă cu păr
Şi rosteşte - să nu tacă
Un aşa zis adevăr
În sunete guturale
Şi-ascuţite ca pumnale,
C-a rămas sus cocoţat,
Dobitoc evoluat,
Din motive Ariene
Şi plin de venin în vene.
Primu-aşterne în balade
Când mai vesele, când triste
Viaţa cu ce-n poale-ţi cade,
Fie flori, fie artiste,
El te-ncântă-n rapsodii
Cu imaginile-i vii
Şi te pune pe cărare
Cu migdalele-i amare;
Celălalt umblă cu bâta
Să-şi dezvăluie urâta
Vrere, pătimaş s-omoare
Neamuri care nu-s Mardare

-Ce mârşav e, ce murdar e!

PRINDE TIMPUL

Cum ajuns-ai să ai parte
Cu mândrie de-a ta carte
A depins, așa se pare,
De o presă și tipare,
De o presă de strivit
Strugurii pentru mustit
Și ciopliri zise tipare
Scoase din abecedare,
Puse toate-n fel și chipi
De au dat la gând aripi
Și presate pe hârtie
Cu cerneală, ca să-nvie
Ce s-a zis și să rămână
Nu cum se scria, de mână,
Ci-n volume numeroase
S-aibă mulți de cărți foloase,
Uite-așa ți-a căzut zarul
Să înveți abecedarul
Uite de-aia îți trimit
Carte de an împlinit
Să-ți urez tot bucurie
Și noroc în drum să-ți fie
Și de Anul Nou, ne-mbiem,
Prinde Timpul, Carpe Diem!

Am ales

AVEAI ŞASE ANIŞORI

Aveai şase anişori
Şi dragostea unei surori
Ce m-a îngrijit în faşă
Şi-'n scutece, şi în cămaşă
Până am crescut destul
Să mă-nveţi să cânt cântul
Despre oameni, despre flori,
Şi dragostea unei surori
Pentru fraţii ei de sânge-
Acum inima-mi se strânge
Că suntem aşa departe,
De-aia îţi trimit o parte
Din ce -n mine ai crescut
Şi hai s-o luăm de la-nceput!

MAGICIANUL

Zilele-astea am citit, fermecat, dintr-o revistă
O poveste pentru toţi, scurtă, stranie şi tristă,
Într-o clasă se-ntâmplă, cu copii în pubertate
Ce-nvăţau de adjective, teoreme şi dreptate,
Cum să îţi câştigi o pâine robotind din zori în seară,
Cum de se perindă luna, de ce-i iarnă, de ce-i vară,
Şi aşa la săptămâna cu-invitaţi despre profesii,
Le vorbi şi un mecanic şi-un bancher la colţul mesii.

Vineri se-aşteptau s-audă proiectant de cinema
Dar în clasă-şi făcu drumul un magician sadea
Ce-avea ochii tot cu negru, barbă deasă şi mustaţă,
Un joben ca un cilindru şi monoclu prins cu aţă,
Şi căra o trusă-ntreagă într-un mare geamantan,
Vedeţi voi, îţi trebe trusă ca să fii un magician.

Se holbau la el copiii, când din joben, mintenaş,
Magicianul scoase-n grabă săltăreţul iepuraş,
Apoi dintr-o colivie, iarăşi din joben fu scos
Cu un fâlfâit de aripi, porumbelul alb, frumos
Ce-şi luă zborul sus, prin clasă şi pe-un colţ se aşeză
În timp ce magicianul spre copii lung se uită
Şi-şi propti sigur privirea spre faţa cea luminată
A fetiţei ce băieţii toţi o-ndrăgeau deodată
Şi-o ceru ca asistentă pentru că putea să fie
Cea mai potrivită-n clasă pentru cea mai cea magie.

Vrând - nevrând, se duse Clara lângă acel magician
Care-o luă de mână-ndată şi-o băgă în geamantan,
Apoi zise vorbe negre cu o voce foarte joasă
După-aceea, fără efort, luă valiza de pe masă,
Se-ndreptă spre-o uşă care închidea strâmta cuşcă
Ce făcea doar la nevoie, loc urgent de toaletă.

Am ales

Cum închise magicianul ușa iute cu un bum,
Se văzu că de sub ușă se prelinse puțin fum,
Iar când proful clasei merse ușa ceea să deschidă,
Nu găsi nimic, nici Clara, nici magician în firidă.
Evident, o tevatură incredibilă urmă,
Dar de dispăruți nici urmă nimenea nici când nu dă.

Au trecut ceva decenii, oamenii s-au răsfirat
Și la harță cu viața care cum putu s-au luat,
Și-astfel se perindă viața, băieții acum bărbați,
Când gândid ce-a fost cu Clara, când văzând c-acum sunt tați,
Și-astfel se perindă viața, și te-ntrebi, ce-a fost cu Clara,
Ce pierdură, inocența, ce pierdură, primăvara?
Magicianul se înfruptă oriunde pe al său drum,
Anotimp? Nu, ah, e timpul ce ni-l face mereu scrum.

ÎNGRĂMĂDEALĂ

Un filozof de cincinal
Cu interes, dar ton banal,
Fiu de preot ortodox
Și fost campion de box,
Căutându-mă 'n origini
Și reverberând vechi prigini,
Se dădu în vânt să-mi spună
Fabulă de veste bună
Cu mai mult decât un tâlc,
Eu ciulii și tăcui mâlc:
-"Știi tu să îmi spui, de vrei,
Care-s înțelepții trei
Cei mai mari (și toți, evrei,)
Care lumea i-a avut?"
Am zâmbit și-am mai tăcut,
Căci la numere-mi ziceam
Că de trei precis treceam.
-"Primul, 'juns-a tare sus,
De-l chemau ai lui Isus
Și-nălțând la ceruri votul,
Zis-a, «SPIRITUL E TOTUL!»
Altul, berb, cu x marcat,
Capitalu' a –ncondeiat
Și-a adus zaveria:
«TOTUL E MATERIA!»
Treilea, stâncă gândind bine
A pus natura pe vine
Cu comentul addictiv:
"VEZI, DOM'LE, TOTU-I RELATIV!"
Iar noi, bieți muritori, ne spargem țeasta
Să-ngrămădim înțelepciunea asta
Ce contravine timp și câmp
Sub un acoperiș prea tâmp,
Materie, spirit, relativitate,
Ne înfruptăm înfometați din toate,
Trăim, luptăm, agonisim, cântăm,
Însă iubim puțin, și mult mai puțin dăm.

Am ales

RUGĂMINTEA GĂINII

Cotcodac, zise-o găină,
Gura ți-e de ouă plină,
Dar ca mama oului,
Cum am să mai am eu pui?

Dacă tu te-nfrupți cu ouă
Care din mine nu plouă,
Ce-o să faci când voi muri
Și-ouăle s-or isprăvi?

Mai bine fii tu drăguț
Și mănâncă ou de struț!

POEȚI MERDARI

Nu mai fulgerați pe nime'
Cu-ale versurilor rime,
Ca poeți de scurtă proză,
Literați în strânsă doză,
Bateți tare tinicheaua
Și răcniți cu foc pe șleau a
Neputinței de-nțelesuri
Din cinci frunze fără dresuri,
Producând bezmeticeală
Cu trei stropuri de cerneală
Pe hârtia cea curată
De prisos așa 'ntinată,
V-ați ascuns după icoane
De cuvinte cu crampoane,
Ați împrumutat simboluri
Ca s-ascundeți vaste goluri
Și ați plâns în dezmierdare
Ce puteri ajuns-au mare
Ca să mai puneți o casă
Din averea lumii scoasă
De o parte, la chimir.
Hai, poeți merdari, sictir!
Și-am încălecat cu muget
Și v-am scris ce-aveam pe cuget.

Am ales

DE CULTURĂ

Cum cultura costă mult
Ne împingem la pomană
S-auzim ce-au scris de mult
Cei ce-aveau arta pe rană
Are și arta un preț
Când se-ntinde bine-n piață
Dar artistul fiind cam fleț
Banii-ajung la precupeață
Care vinde vers ori cântec
Teatru, carte sau concert
Însutit, c-are descântec
La vânzări fiind expert
De-aia noi, când se întâmplă
S-avem gratis strop de artă
Dăm din coate, dăm din tâmplă
Să găsim locul pe hartă
Unde un bogat se scapă
De taxele ce-l omoară
Donând câte-o moviliță
Din a sa de jaf comoară
Iar artiștii-nghit gălușca
Dacă foamea îi ghiontește
Și dau jos pe gât și dușca
Prea-mărind cine plătește
Uite de-aia la pomană
Ne-ndopăm cu-așa cultură
C-arta-n suflet e o rană
Împletind plăceri cu zgură.

CLARĂ

Clară mi-este inima
Spălată cu sânge purpuriu
De toate relele lumii,
Cântând pe unde dulci
Ori sumbre doine uitate
De jalea mulțimii,
Apăsând adânc pe strune
Ce reverberează
Cu multe alte inimi.

Am ales

UNII ŞI ALŢII

Unii se nasc roialişti
Alţii-mpuşcă poliţişti
Unii se cred adventişti
Alţii fură comunişti
Unii ies l(e)a papistaşi
Alţii se-arată golaşi
Unii trec la Mahomed
Alţii secretoşi se cred
Unii cresc români - păgâni
Ori se-nchină la Cristos
(Un "jidov" cam deochiat
Ce pe cruce-a terminat)
Când pe faţă când pe dos
Unii roagă-se la cer
S-aibă-n viaţa lor mister
Alţii îşi scuipă în sân
C-au văzut pe dracu' spân
Unii cred într-o virgină
Alţii la pisici se-nchină
Unii mint de sting tot focul
Alţii-n stele-şi vor norocul
Alţii iară se adună
Să frângă o semilună
Unii ştiu că-i bai să scrie
Că-alţii umplu la sicrie
Unii-s cu politica
Alţii-s doar cu critica
Eu, că nu ştiu ce-o să fie,
Vreu de vreu, scriu poezie.

ISTORIOARĂ

De cândva din neguri, de eoni se joacă
Ba când în arșiță, ba cu promoroacă,
Un vast joc, o piesă doar în două arte:
Arta de-a trăi, și de-a fi în moarte.
Pauză nici când nu e, căci în timp și spațiu
Totul mereu curge, curge cu nesațiu,
Care cum se-ntâmplă, se involburează
Și din gaz străluce steaua ce vibrează
Îndesând corpusculi în noaptea adâncă
Până ce-i transformă în lichid și stâncă
După care-mparte globi pe îndelete
Ce se-nvârt în iureș, în plan de planete,
Unde fierbe magma, până se răcește
Și din picuri limpezi, oceanul crește
Întinzând mantie cu unde de ape
Ce-au să bată țărmuri, stânca să o crape
Și-n firide strâmte, nu mai largi ca ața
Să-nfiripe bulzii ce zămislesc viața,
Doar că așa cum e viața, trecătoare,
Înfiripă alta, suspină și moare,
Lăsând loc, substanță și chiar energie
Pentru bulzi mai altfel, ce viața s-o ție
Într-un curs de schimburi ce trec la ales
Doar-doar s-o petrece, când și cum, progres,
Astfel că planeta se îmbogățește
Și cu har gândirea-n trupuri zămislește,
Iar poetul, gând la gând versuri să zboară
Înspre cei cu duh deschis o istorioară.

Am ales

DESFĂȘURARE

În făptura costelivă
Ostentativă
A poeziei
Bate ne-ritmat, în progresie ciudată
Scăzând din carată-n carată
Cândva, curând, cumva, cinelul cântând
Dar de fapt suspinând,
Tic-tocu-i de alamă
- Doar eu bag de seamă?-
Și ea-n cârmâz și-arată
Fața fardată
Îngreuiată
Cu excrescențe metastazate
Prost așezate,
Grimasa retrasă cu iz de melasă
Și neînțeleasă.
Subit suferind suspină
Făptura costelivă,
Și estimată
Cu-o singură carată,
Transformată
Din a sa vrie
În prozezie -

Hip-hip - chemare
R.i.p.-r.i.p. - urare
Apoi scufundare,
Subit suferind suspină
De ea încă plină
Și jalnic roză,
În proză.

48

DIN SUFLET

Din suflet și din grație
Vine vorba ANIMAȚIE
Tot așa, Ana Maria
Grațios își calcă glia
Punând suflet ca p'ecran
Să se miște-un năzdrăvan;
Nu importă că mustața
Subit părăsește fața
Și-apoi, cât ai zice hap,
Ochii zbang îi sar din cap;
Ana cu alean trudește
Animând când om, când pește,
Iar de-i moare monitorul,
Ea-ntrunește tot soborul
Să-l fixeze de îndată.
Uite-așa o face lată
De cu zori în alte zori
La proiecte cu fiori.
Uite-așa Ana învață
Să pășească-n altă viață.

SĂ GUSTĂM

Încercăm
Să ne distrăm
Doar puțin câte puțin
Fiindcă nici acum nu știm
Balamelele de țin

De nu ruginim la cap
Și ne ținem pe picioare
Ne lipim la răni cu pap
Și mințim că nu ne doare

Voinicește pe cărări
Batem pasul cu opinca
"Nu ne pierdem nici pe mări"
Ținem sus vârtos lozinca.

Dar de o veni și timpul
Să frânăm cu dinadins
Vom lua spre ceruri Blimpul
Să gustăm ce n-am învins.

PRIMENIRI

Fiindcă ai să fi plecat,
Înainte de plecare
Mă grăbesc cu un urat
Pentru-a ta aniversare
Ce-nţeleg că vei petrece
Unde vremea nu e rece,
Printre elefanţi, pagode
Şi călugări ce spun ode
Cu odăjdii inveliţi,
Bine hirotonisiţi,
Ce-şi dau foc ca să sfinţească
Lumea, s-o mai primenească
De-ale ei nevolnicii.

Oare noi ne-om primeni?

VÂNT AL VREMII

Acum, că multe neguri s-au prelins
Și a plouat cu grindini și a nins,
Oare-a rămas sub fruntea ta cea vie
Acel ceva ce te-a pictat zglobie,
Acel ceva de vis și eleganță
Ce-nvolbura din ochi cu cutezanță
Pe-oricine te privea admirativ
Și rămânea în lanțul tău, captiv?

Oare-ai păstrat, sub praf de vreme,
Un zâmbet pentru care geme
De dulci plăceri cel ce te-admiră
De-ți face versuri și-ți cântă din liră
Știind că nu în focuri de-artificii
Te-ai dovedit, ci-n sacrificii
De-o viață adunate-n fapte bune
Și nu în vorbe ce frumos să sune?

Oh, aprig vânt al vremii, ce-ndoaie pomi și lume,
Ce zbate de țărm valuri de ape albe-n spume,
Pelinci de nea din falnicii brazi a spulberat,
Iar tu, de doruri vechi, te-ai pus pe lăcrimat.

Laurian Taler

FLORI DE TIMP

Florile mele-au fost mereu albastre
Şi-au inspirat
Dorinţa de fericire,
Oglinzi ale marelui acoperiş
Care ne ţine departe de absolut,
Aşa de mărunte că doar pruncii
Le-ar putea atinge cu degetele
Făcându-le să sune
Clinchete îngheţate, neauzibile
Pentru urechile terestre.
Florile mele-au fost mereu albastre
Rămânând undeva pe câmpii
Nevăzute de ochii cuiva,
Topind cu tremurul petalelor lor
Timpul meu de fericire.

LANŢ

Viaţa e-un lanţ ce 'mpleteşti
Viaţa -i ce faci şi greşeşti
Viaţa-i ce treci la răscruci
Viaţa-i să ştii un' te duci
Drumu-i când strâmt şi când larg
Velă să ai la catarg
Şi de străbaţi jos sau sus
Musai s-alegi un' te-ai dus
E ce decizi tu să faci
Singur ori cu-ai tăi ciraci
Şi de încerci şi-o buleşti
Să te descurci te-opinteşti
Şi de gândeşti şi alegi
De greutăţi te dezlegi
Porţi necaz, bucurii-n a ta faţă
Dar ai făcut-o a ta viaţă.

MĂI, CE TINERI ERAM

Măi, ce tineri eram
Și-n vise ne-aruncam
Gândind strâmb și ciufuți
La săraci și avuți
Dar în timp ne-am ajuns
Și la mjloc ne-am uns
Deși cu-effort ne-am spus
Că suntem mai presus -
Măi, ce tineri eram!

FILE DE ALCOV

Ioane, Ioane,
Campioane,
Ce-ncadrezi istorii -n ramă,
Ba muzeu, ba parc, ba cramă,
Expoziții, căi de munte,
Ori sculpturi ce-n timp fac punte,
Cu ortacii-n oculari,
Și Junii pe armăsari,
Pozezi file de alcov,
Povestești despre Brașov,
Ochiul cu prisos îți prinde
Hore, sârbe și colinde,
Și trimiți pe internet
Ce-ai în suflet de poet,
Acum că în ani mai crești,
Îți doresc să meșterești
Tot așa cum știi de bine
Flori de câmp cu pajiști line,
Clăci unde frumoase țes
Și privesc cu înțeles
Pe-nserat ori în amiază
Când ele lucrând, suspină,
La acel ce le pictează
Doar cu umbră și lumină.

FIINȚA ASTA

Ființa asta, bat-o vina,
Ce-i numită R.Irina,
Are mâna pricepută,
Și cu ochiul se ajută
De creează din te miri ce
Giuvaeruri pentru Circe,
De pictează, din nuiele,
Grădini, vise și castele,
Și dacă la timp se-mbie,
Face, cu un semn, magie
Pentru ochi și pentru minte,
Până și îmbrăcăminte
Iese din al ei izvor
Peste umăr, șold, picior,
Astfel că ea meșterește
Și deverul îi tot crește,
Făurind cu arta ei
Ce se cere cu temei,
Tot ceva să te uimească,
Inima din plin să-ți crească.

Am ales

AZURIT

Să intru-n mintea ta
Aş vrea, dacă-aş putea
Să văd neostenit,
Mişcat şi uluit,
Culoarea de-azurit
A gândurilor tale,

Să sorb din sucul des
O iotă de-nţeles
De ce cuprinzi în gând,
De ce priveşti răzând
Ş mă laşi fumegând,
Lovit de-atâta jale,

Să aflu ce-ai plivit
Dintre cei ce-ai iubit,
Să ştiu cum cântăreşti
Persoana ce iubeşti,
Şi ce fel de poveşti
Ţinteşti cu-a tale flinte,

Pe loc m-aş cuibări
În ochii-ţi, ce-aş privi
Cu nesaţ nesfârşit
De-amorez amăgit
Culoarea de-azurit
Înfiptă-n a ta minte.

SÂNGERARE

E timp să te trezești
Să-ți întinzi ciolanele leneșe
Și să-ți speli mintea
De visele cețoase.
Golește-ți plămânii verzi
De aerul împuțit
Care-ți pătrunde umed țesuturile,
E timpul să desfunzi
Acel sânge negru și gros
Și să -l schimbi cu zeama rubinie
Fermentată lung în venele istoriei,
Plasează pe cer copii ai soarelui
Și după ce-ai cules recolta minții
Înfruptă-te cu necesara limpezime.

Am ales

REFORMARE

Cine ştie ce-a fost în culoarea aceea
Că m-a făcut să cred în fericire
Cine ştie ce-a fost în obrazul acela
De mi-a pătruns adâncurile eternității
Am fost doar o mână de nisip
Pe marginea unui lac obosit
Şi suflul ei m-a reclădit trubadur
Să cânt ardoarea sufletelor
Vibrând la priviri reciproce
Unica recoltă a vieții
Ce ne ține în mers infinit.

TENSIUNE

Limbajul florilor l-a vrut ea de la mine
Și surâsuri și glume tăvălind pe coline
Mi-a cerut cu nesaț ochilor mierea vieții
Însă tot s-a surpat în albul dimineții
De la cum m-am purtat, într-un fel rău și-n chip
Și în creier ce-am pus și ce-am știut să cirip
Să mă schimb n-am putut, florile s-au trecut
Iar în suflet am strâns doar cenuși cu glas mut
Ochii ei au stat calzi în priviri ca oricând
Eu genunchii i-am strâns, ai mei ochi tremurând
Dacă-acum ce vrea ea e prea sus sau prea jos
Eu încerc să n-ascund că-i aduc larg prinos
Când ea zice că noi auriți n-om mai fi
Ca și cum minereu doar eu pot mineri,
Dar de doi sunt doar doi și complet nu-s uniți
N-am puteri să cresc sori de-ncălzit cei răciți;
Când uniți ne simțim și-are suflet divin
O putere suntem, n-acceptăm nici un chin
Ochii-mi susură flori, vorbele de-aur ploi,
Dar ce vine apoi, oh, ce vine apoi?

ELITISM

E-așa dulce gândul sus
Chiar de-i soarele-n Apus
E-așa plin să simți că crezi
Și de-orice să minunezi,
E-o plăcere să te-aprobi
Și să ai în jur la robi
E masiv să guști parfum
Și să joci cu-amici la drum
Fără să te ții de sapă
Să nu faci ce pielea-ți crapă
E așa o treabă faină
Să nu te sufleci la haină
Încât comedia vieții
E să sfarmi lumea pieții.

DINTR-UN VIS

Mi-ai aruncat cuvinte, stânci fierbinți
Ai aruncat, făcute din sunete-ascuțite,
Iar eu a trebuit cu mintea mea să le cuprind
Să le macin într-o pastă cenușie
Care să fie împinsă din greu
Pentru că nu curgea ușor.
Te-ai întrebat dece ți-am scăpat
Multe din lecturi
Și cum voi trece examenul tău
Păi, am fost ocupat modelând pasta aia
În propria mea divină comedie a erorilor
În timp ce vorbăria ta cădea lent
Pe băncile ascultătorilor tăi
În acea sală curcubeu.
Te-ai întrebat de ce m-am rătăcit
Departe de tine, strălucit lansator
De stânci fierbinți făcute cu sunete ascuțite
Și am putut doar răspunde că timpul meu era al meu
Că timpul meu și treaba mea schimbau
Pasta în bulzi fierbinți care să coacă
Minți avide căutând nemăsurata imensitate.

Am ales

MANTIA DE NEA

Priveau, cutremuraţi de fericire
Cohorta fulgilor ce se căzneau
Să îi cuprindă-n mantia de nea,
Numai parbrizul îi scăpa
 De-a lor grăbită-acoperire;
Vârtej de simţuri ei păreau.

O mantie s-a pus acum pe tâmple,
O mantie mai rece decât gheaţa,
De ce-ar fi fost să se întâmple
Dacă-şi pluteau prin cazne cu nea viaţa.

E albă uneori uitarea,
E crâncenă ca despărţirea,
Manta de nea iarna şi vara,
Ce le acoperă iubirea.

CA UN ARC INTERN

Ca un arc intern, ce se-ntinde brusc,
Copila a sărit din somn,
Zâmbind la visul ei adânc
Și alegând să-l schimbe iute-n faptă
Grăbindu-se în viață, cu vrerea de-a purcede
Cu dinții strânși și farmec, cu coatele-ocupate
Noblețea a adus-o cu tremur lung de membre
În ode despre viață și lume și părinți
Mișcării dând un luciu cum numai ea socoate
Știind ce corpul știe, văzând ce corpul poate
Înfășurând un spațiu, curgându-l într-o mimă
Vibrând acolo flăcări și suflete-n avans
Și ridicând materia să-și bucure-al ei dans.

Am ales

TU EŞTI

Tu eşti o barcă
Pe fluviul timp
Tu eşti prinsă parcă
În gondola cu ghimpi

Tu eşti chiar o velă
Pe valuri te poartă
Tu esti marinarul
Ce ştie de soartă

Tu eşti ca clipita
Unui gând prins de lume
Tu eşti înţelesul
Ce dansează pe spume

Tu eşti.

SCRIE PE ZID

Sunt în trecere, pe jos
Prin cartier simandicos
Și scris negru pe-un perete
Văd o frază să mă 'mbete,
Zice, "Nu fura, cățea!"
"Nu fura din plata mea!",
Și mă 'ntreb ce mult venin
S-a strâns de atâta chin,
Ce face un om să iasă
Când noaptea în jur se lasă
Cu o cană de vopsea
Să scrie pe zid "cățea"?

Trebuie că suferința
S-a unit cu neputința
De a spune lumii altfel
Ce se întâmplă cu el,
Că muncește, nu-i ratat,
Dar se simte exploatat
Și nu are cum să spună
Cum că lumea nu e bună,
Că îl stoarce și îl suge
Și simte că viața-i fuge
Din vine, din mădulare,
Fără speranțe în zare.
De se bate tare-n piept
Poate că nu-i prea deștept,
Poate-a ramas repetent
Că la minte-ar fi prea lent
Și nu își câștigă mia
Că-i prea grea economia,
Poate nici nu vrea dreptate
În sens de egalitate,
Doar să aibă cât să poată
Să iasă din reaua zloată

Am ales

A vieții 'ncrâncenate
A celor fără palate.

"Mane, Tekel, Fares" scria
Pe zid in Mesop'tamia-
Tradus: numărat, cântărit,
Și mai bine împărțit.

Sigur că-i doar o legendă,
Dar e clar că-i o agendă.
Ce pe zid acuma scrie,
Vrerea lumii vrea să fie.

CINZEŞIDOI

Când, tam-nesam, ajungi la cinzeşidoi,
Dilema' n suflet începe să se lase
Eşti oare douş'cinci dacă-i priveşti 'napoi
Ori pe-un picior eşti tocmai douăz'şase?

De-a lung acumulezi istorii minunate
Şi dacă mădulare ţi se-ndreaptă
Cu tifla vremii dai, şi-o 'mpingi la spate:
Nu eşti sub vreme tu, ci vremea e sub faptă.

Ce dacă osul geme mut
Sub scalpel înroşit de viaţă
Urmarea e durerii-un scut,
Iar mintea e stăpână-n faţă.

Te întregeşti cu har şi tâlc
Priveşti în zare şi vezi plinul
Adulmeci aerul din pâlc,
Cu farmec îndulceşti veninul,

Petreci, visezi, şi iar petreci,
Aştepţi alene ascensorul
Să te ridice-n drum de munci
Să-ţi dea din nou la faptă zborul.

Am ales

VA VENI O ZI

Va veni o zi
Când întins în pat
Voi simți din plin
Bucuria morții mele
Îngeri de carton
Mă vor lua la acel râu
Și-mi vor trage-o spălătură
Să mă acopere cu păcate
Doar așa voi avea voie
Să intru în raiul de săpun
Cu jeanșii pe mine.

VA VENI O NOAPTE

Va veni o noapte
Ca barba albă a unui moş
Voi zbura mereu în jurul ei
Fără să-mi trec nici o unghie
Peste ţesătura strălucitoare de cheratină.
Uşoare fluturări de braţe
Îmi vor trimite emoţiile la culcare
În timp ce corpul şi ce rămâne din suflet
Vor continua să rătăcească
Căutând acea scară misterioasă
Care să mă coboare la ţintă.

Am ales

VA VENI UN TIMP

Va veni un timp
Aşa rupt în minute
Aşa rupt în secunde
Aşa rupt în clipe
Că nici un pom sau floare
Gâză sau dihoare
Că nici o minte ori suflu
Sub aşa blestem
în ruperi de clipe
În căderea mare
O va simţi trecând

NU-I ALTĂ CALE
(traducere a unui cântec al autorului din limba Engleză)

Cântă cu bravură
Nu-i altă cale
Să fii tu
Pictează cu flori
Nu-i altă cale
Să fii adevărat
Joacă în neştire
Nu-i altă cale
Să fii voios
Viaţa-i doar un pic de praf
Stârnit cu-o scânteie
Sub o crustă
Porneşte focul
Împarte-ţi lumina
Fericirea va sosi
În privirea ta

Daca e vreo altă cale să te zbaţi
Cu toate problemele lumii
Vino şi-mi spune de vrei
Să lupţi pentru asta cu duh şi cu minte

(Încheiere)
Trăieşte cu curaj, amice
Cu curaj, amice,
Nu-i altă cale.

LUME PE DOS

Va veni o vreme
Când rădăcinele vor creşte
Înspre cerul gălbui
Şi mai mult decât un soare
Va răci albastru peste noi
Va trebui să săpăm din greu
Ca să vedem flori
Ascunzându-şi ruşinea colo jos
Carnea omenirii va fi la mezat
Şi cine va putea spune
De ce sunt atâtea stele
Strivite sub călcâi?

ATÂT DE MULTE VORBE

Atât de multe vorbe am învăţat
Doar ca să descriu
Frumuseţea din lucruri ascunse
Frumuseţea din pietre si ceruri
Dar cuvinte nu-s pentru ochii tăi

Atât de multe vorbe am învăţat
Să şoptesc dulce
În urechi doritoare, surprinse,
Încântate, pline de plăcere,
Creând vise fermecătoare,
Dar cuvinte nu-s pentru chipul tău

Uluitoare, tu-ntorci capete
Fără vreun efort,
Vraja cea mai bună,
Natură plină de savoare,
Fulger mereu la ţintă
Tu inspiri fericire.

VISUL LUI AKIVA

Bătrânii mi-au spus, "Fii înțelept"
Mama mi-a spus, "Scoală-te devreme"
Tata mi-a spus, "Respectă-ți șefii"
Sora mi-a spus, "Învață să repari"
Fratele mi-a spus, "Învață să-ncovoi"
Unchiul mi-a spus, "Numără-ți prietenii, fii voios"
Inima mi-a spus, "Gustă viața din plin"
Creierul mi-a spus, "Nu fii tâmpit"
Prietenii mi-au spus,
"Hai pe centru să facem parale"

Intr-un vis, ca în viață, multe poți auzi
Dar să decizi e mai greu ce ai vrea sa fii
Te-nvârtești, te ascunzi de realitate
Dar drumul tot trebuie să ți-l vezi
Ia-ți visul, îngrijește-l bine
Și va crește puternic
Fă-l să fie parte din tine
Scoate-l la lumină
Trăiește-ți visul, cântă ți-l
Și te va schimba pe tine
Viața-i doar un cântec ce sună bine

CÂNT ZBUCIUMAT

Pe drumul zbuciumat al vieţii
Călătorim, ca toţi drumeţii,
Când plini de fală, cu speranţe
Că vom atinge performanţe,
Când cu obidă şi cu jale
C-am luat-o prea curând la vale
Şi nu ştim cât mai e de mers.
Ne opintim în cânt şi-n vers
Să facem calea mai uşoară,
Lăsând timpul prin noi să zboară
Şi de-ncercăm, întinşi, să-l prindem,
Ne pierdem, şi treptat ne stingem
Al inimii cânt zbuciumat,
Un la-mi-do dezacordat.

TIMPUL ARMONICII

Cântă armonică acu' ceva de suflet
Mi-aduce amintiri ce nu pot controla
Mi-aduce simțăminte de-altă dată
Un timp ce n-a fost doar un alt timp
Armonică, adu-mi înapoi acel timp

Timp de bucurii și timp de râset
Timp de perle pe obraji
Timp de speranțe și clare dimineți
Timp de viață la alt pas
Timp să te privesc fără răgaz
Timp să te țin în brațe
Timp să-ți privesc stelele și niciodată
Niciodată să nu mă satur de farmecul tău.

ROSTUL LUMII

Privesc înspre dreapta şi văd nedreptatea
Privesc înspre stânga şi văd stângăcia

Privesc înapoi şi văd strâmbătatea
Privesc înainte şi nu văd feeria

Nedreptatea-şi arogă vechi drepturi divine
Stâlcind echitatea şi vrerea de bine
Cu legi fără frâu pentru-a sa proprietate
Aplicând doar cu sine verbul sfânt, libertate

Stângăcia provine din cumplite tenebre
Sărăcie cu trudă, neajunsuri şi febre,
Lipsa slovei ştiute şi rostite cu minte,
Dezbinarea putinţei şi-a voinţei fierbinte

Strâmbătatea crescut-a cu oşti şi putere
Înfierând năzuinţa ce oprelişti nu cere
Vlăguind-o cu truda nedrept măsurată
Şi storcând-o de seva ce dă vieţii o plată

Feeria a fost şi va fi o cătare
De-ndreptări spre o lume mijind pe cărare
Cu utopice ceruri şi vieţi ca în basme-
Promisiuni deşănţate printre sfinte fantasme

Lumea are un rost şi acela-i de bine
Nu doar la unii, dar şi la tine şi mine
Aşa dar să luptăm să-ndreptăm ce nu-i drept
Cu lumina din frunţi şi iubirea din piept

Am ales

LUMEA

Iubesc lumea
Ondulată
Iubesc lumea
Ce-are gust,
Ba rotundă,
Ba mai dreaptă
Sau pătrată,
Lume ce urcă spirale,
Ce creează miracole
Zilnic în viaţă.
Cum ziceam:
Îmi plac tipii rotunzi
Sau ovali sau pătraţi,
Dar cel mai mult
Îmi plac cei ascuţiţi
Care-şi folosesc ascuţimea
Să ne facă pe toţi
Din ce în ce mai
Umani.

UNDE SUNTEȚI, MUZE-ANTICE?

Fremătând, o dură muză
Fără nici o bună scuză,
A decis să-l înceteze
Pe-al ei poet să viseze.
Ca atare, a – interzis
Pentru poet orice scris:
Nici tu cânt ori osanale,
Nici tu zbucium, dor sau jale,
Nu tu - amară nostalgie,
Nici tu vers, nici melodie,
Ce să mai vorbim de proză,
O cenzură fără doză,
Un fel de blestem curat
Pe poet l-a sincopat.
Vedeți, e o raritate
Muza să aibă dreptate,
Când de secole se știe
Rostul muzelor: să-nvie
Palpitații, inspirații
Pentru poet, și ovații.

Unde sunteți, muze – antice?
Inspirației dați bice
Lăsând poetul din fire
Să respire, să transpire,
Să-mpletească din vers de-aur
A sa cunună de laur.

Am ales

DESPRE AUTOR

Laurian Taler s-a născut la Brașov, România, în 1940.
În 1952 a publicat prima sa poezie în „Scânteia Pionierului".
A studiat și mai târziu a predat la Colegiul Național „Andrei Șaguna"din Brașov. Acolo a și început să cânte în formații muzicale ca baterist, saxofonist și clarinetist. A studiat Biologia la Universitatea „Al. I. Cuza" din Iași, unde a făcut parte din orchestra Centrului Universitar și din taraful Universității.
Între 1964 și 1975 a predat Biologie și Engleză la Feldioara și Brașov. Taler a colaborat ca jurnalist independent la diverse ziare și reviste (Astra, România Literară, Drum Nou, Flacăra Iașului, Karpaten Rundschau) cu articole de popularizare a științei.
A părăsit România în 1976. A lucrat în industria penicilinei în Roma, Italia, ocupând funcția de secretar tehnic al directorului și responsabil cu training industrial înainte de a se stabili în Toronto, Canada, în 1978, unde a lucrat inițial în biochimie medicală, după care a reintrat în învățământ ca profesor de Engleză, Franceză, Biologie, Știința Calculatoarelor.
După pensionare, Taler s-a concentrat pe scrierea a peste 200 de cântece cu caracter variat, lucrând atât la muzică, cât și la conținutul lor liric. În 2007 Taler a scris libretul, cântecele și lirica enviro-muzicalului „One Earth" (Un Pământ).
Din 2013 a publicat trei volume cu lirica cântecelor lui în Engleză, (Almost Essentials, On a Blade of Grass, Under the Blue Sky), un volum de poezie în Engleză (Sagacity) și prezentul volum de poezie în limba Română. Volumul „So Many Words" publicat pe amazon Kindle conține poezii în trei limbi.
Taler are în pregătire spre publicare trei lucrări în proză, din care una a fost publicată parțial în fascicole, intitulată L.A.U.G.H. în Engleză și C.H.I.M.P. în Română pe website-ul său, www.gongnog.com.

Taler este căsătorit din anii Facultății cu Minodora, cu care are două fiice, Xenia Taler și Laura Taler, ambele lucrând în domeniul artelor.

AM ALES
POEZII

GONG PUBLISHING
TORONTO

www.gongnog.com

ISBN 978-1-926477-04-6

www.ingramcontent.com/pod-product-compliance
Lightning Source LLC
Chambersburg PA
CBHW071108090426
42737CB00013B/2538